1 芸をみがく・演じる

巻頭インタビュー 野村萬斎さん

歌舞伎(ぴんとこな) / **能**(夢幻花伝) / **狂言**(しなやかに傷ついて) / **和太鼓**(和太鼓†ガールズ) / **三味線**(ましろのおと) / **和楽器**(なでしこドレミソラ) / **雅楽**(王の庭) / **人形浄瑠璃**(火色の文楽) / **芸妓・舞妓**(紅匂ふ) / **獅子舞**(ししまいガール) / **宝塚**(すみれの花咲くガールズ) / **アイドル**(Cue)

2 競う・きたえる

巻頭インタビュー 井上康生さん

相撲(ああ播磨灘) / **柔道**(帯をギュッとね！) / **剣道**(しっぷうどとう) / **空手**(ハンザスカイ) / **弓道**(ひらひらひゅ〜ん) / **少林寺拳法**(オッス！ 少林寺) / **なぎなた**(あさひなぐ) / **侍・武士**(バガボンド) / **忍者**(闇月夜行) / **将棋**(ナイトぼっち) / **囲碁**(天地明察) / **競技かるた**(ちはやふる)

名作マンガ100でわかる！
ここがスゴイよ！ニッポンの文化大図鑑
全5巻内容

3 学ぶ・たしなむ

巻頭インタビュー 紫舟さん

茶道(ケッコーなお手前です。) / **書道**(とめはねっ! 鈴里高校書道部) / **華道**(ギャル華道) / **和服**(きものがたり) / **和歌**(超訳百人一首 うた恋い。) / **源氏物語**(あさきゆめみし) / **俳句**(あかぼし俳句帖) / **和算**(和算に恋した少女) / **日本神話**(ヤマトタケル) / **神社**(神主さんの日常) / **仏師**(恋する仏像) / **寺院**(住職系女子)

名作マンガ100でわかる！

ここがスゴイよ！ニッポンの文化大図鑑

3巻
学ぶ・たしなむ

ニッポンの文化大図鑑編集委員会・編

日本図書センター

この本の見方

この本では、マンガの登場人物を取り上げ、ストーリーとともに
その人物が取り組む日本文化を紹介します。
各文化の基本知識や、ルーツ・歴史をイラストや写真を使って説明しています。
世界のほかの文化との比較など、よりくわしい情報のページもあるので、
日本文化の魅力を好きなところから楽しくつかんでみましょう。

作品紹介
マンガの作品名と内容を紹介しています。

なんでもデータ
テーマに関する「？」と思うような数字を紹介しています。

どんな文化？
その文化の基本情報をわかりやすく説明しています。

必須アイテム
その文化に必要不可欠なアイテムなどを紹介しています。

ルーツ・歴史ほか
その文化の歴史や由来を示す写真・図版などを紹介しています。

世界から見てみよう
世界の文化と共通する点やちがう点などを紹介しています。

ココが名場面
マンガのストーリーのなかで、その文化のおもしろさがわかるページを紹介しています。

もっと知りたい！
その文化が、現代の私たちのくらしに、どのように根づいているか説明しています。

日本の地域コラム
その文化に特別にかかわっている地域を紹介しています。

世界の地域コラム
その文化が広がっていった国や地域を紹介しています。

関連マンガコラム
その文化に関連するマンガの紹介です。

もくじ

ニッポン文化で輝く！達人からのメッセージ

- 書家 **紫舟**さん …………… 04

- 🏀 **茶道**（『ケッコーなお手前です。』）……… 06
- 🏀 **書道**（『とめはねっ！ 鈴里高校書道部』）……… 10
- 🏀 **華道**（『ギャル華道』）……… 14
- 🏀 **和服**（『きものがたり』）……… 16
- 🏀 **和歌**（『超訳百人一首 うた恋い。』）……… 20
- 🏀 **源氏物語**（『あさきゆめみし』）……… 24
- 🏀 **俳句**（『あかぼし俳句帖』）……… 26
- 🏀 **和算**（『和算に恋した少女』）……… 30
- 🏀 **日本神話**（『ヤマトタケル』）……… 34
- 🏀 **神社**（『神主さんの日常』）……… 36
- 🏀 **仏師**（『恋する仏像』）……… 40
- 🏀 **寺院**（『住職系女子』）……… 42

- 総さくいん ……… 46

関連マンガコラム

- 🏀 茶の湯と美を愛した戦国武将（『へうげもの』）……… 09
- 🏀 文字の芸術家「書家」（『ばらかもん』）……… 13
- 🏀 和服をアレンジ！（『とらわれごっこ』）……… 19
- 🏀 現代短歌で「歌会」（『ショートソング』）……… 23
- 🏀 俳句に似ている「川柳」（『川柳少女』）……… 29
- 🏀 江戸の女性が書いた和算書（『算法少女』）……… 33
- 🏀 神にささげる巫女舞（『かみさま日和』）……… 39
- 🏀 修行僧の生活（『坊主DAYS』）……… 45

ニッポン文化で輝く！
達人からのメッセージ

書家 紫舟さん

日本語は、世界一美しい形をもった文字！

書いた文字を立体にして展示する「書の彫刻」や、文字を絵や映像と調和させる「書のアート」などをうみ出している紫舟さんに、書の魅力をお聞きしました。

Q 日本の書道の魅力を教えてください。

A 日本語には、漢字、ひらがな、カタカナがあります。これらの文字を組み合わせることで文章になり、たて書きにも横書きにもできます。漢字はまっすぐな線がたて横に複雑にならんでできています。ひらがなは曲線的な線、カタカナは２、３本の線でできています。

これほどの変化に富み、かつ美しい形をもつ文字は世界でもなかなかありません。

よく、フランス語が世界で一番美しい「音をもつ」言語だといわれます。日本語は世界で一番美しい「形をもつ」言語だと思います。

その世界一美しい言語を、芸術にまで高められる表現が「書」です。

Q 書家として、大切になさっていることはありますか？

A 書き上げた書が、その言葉どおりの力を宿していることをめざしています。

たとえば、お正月に神社へ行き、新しいお札をいただくのは、「家族が安全で無事でありますように」と願うからです。そのお札を１年間、家にかざるのは、その言葉の恩恵を受けるためです。

「この人の病気が治りますように」という書であれば、ほんとうにその人が病から解放されるための力にもなり、励みにもなるようなものを書きたいと思い、日々の暮らしに節度をもち、制作をしています。

Q 紫舟さんの作品が、言葉や文字もちがう国の人にも伝わるのはなぜだと思いますか？

A 真剣に「伝えたい」と願う気持ちが、「伝わる力」になっているからだと思います。
書は、一筆で多様な表情の線をうみ出します。たった1本の線で、悲しみ、喜び、あたたかさ、激しさなどを表現することができます。
心と体はつながっているので、人の手からうみ出された文字も、その人の心とつながっていて、ぬくもりや感情を内にふくんでいます。家族からもらった手紙があたたかく感じられるのもそのためです。いつか自分がいなくなることがあっても、残した文字は生き続けてくれます。書はそのように生きた証を残せるものだと思います。

Q 日本文化は海外からも注目を集めるようになりました。それにはどんな意味があると思いますか？

A 日本はこれから、世界中からあこがれられる文化をもつ国になると思います。日本は伝統文化を保ちながら、最先端のテクノロジーとも共存している国です。
今、書をとおして、世界に向けた日本文化の発信に努めています。このような小さな努力が、日本が世界から尊敬される国になるための一歩だと信じています。

> **書道に興味をもっているこの本の読者へ、メッセージをお願いします。**
>
> 夢をかなえたり、目標を実現したりするために必要なのは、あきらめない力です。
> 大きな夢を話すと、時に人から「無理だよ」と笑われることもあります。そんな言葉に負けず、心をゆらさずまっすぐに前を見て、あきらめずに続ける力を養うには、書道がとても向いています。
> 書道で養われるのは、一つのことに集中する力です。あきらめずに同じことをくり返し続けられる力がつくので、いつか夢を見つけたときに、書道で養われた力がきっと役に立ちますよ！

プロフィール
書家 紫舟

代表作にディズニー・ピクサー『喜悲怒嫌怖』、ユニバーサル・スタジオ・ジャパン®『UNIVERSAL COOL JAPAN』など。2014年、フランスのルーブル美術館地下会場展覧会で金賞受賞。主宰する書のワークショップ「Love Letter Project」を毎年10月開催（小学生参加可）。日本文化を国内外に発信。

©masaaki miyazawa

客をむかえる「おもてなし」の心！
茶道 Sado

『ケッコーなお手前です。』
みよしふるまち／作
マッグガーデン
マッグガーデンコミックス
アヴァルスシリーズ
全3巻
©みよしふるまち／マッグガーデン

留学生のユージーンは、茶道家元の跡取り、鳥居樹の点てた茶を飲んだことがきっかけで茶道部に入部し、作法や心得を学んでいく。

2巻より ©みよしふるまち／マッグガーデン

ココが名場面

樹はアメリカからの留学生ユージーンを茶道部室まで案内したことがきっかけで茶道部に誘われます。実は樹は江戸時代から続く茶道の家元・鳥居家の跡取り。
毎日稽古があるため、子どものころから友達と遊ぶことも少なかった樹ですが、ユージーンや部長の熱心な誘いに応え、彼らの指導を引き受けます。まずは基本姿勢から教える場面。

1巻より ©みよしふるまち／マッグガーデン

茶道なんでもデータ

これ、なんの数字？ 三口半

一ぱいの茶を飲み切る回数。
出された茶は、二口から三口半で飲むのがマナーとされています。

ニッポン文化再発見！ 茶道ってなに？

作法にのっとって客に茶をふるまう文化

　茶道は、決まった作法で抹茶をいれて飲むことで、「茶の湯」ともいいます。

　茶道で抹茶をいれることを「茶を点てる」といい、その作法を「点前」といいます。もてなす側（亭主）が茶を点てて、もてなされる側（客）にふるまう会を茶会といい、主に「茶室」とよばれる部屋で行われます。

　茶を点てるには、まず茶碗に抹茶を入れ、そこに釜の湯を注ぎます。そして、茶筌とよばれる道具で茶をかき回し、あわ立てます。客が茶をいただくときには、まず右手で茶碗を持ち、左手にのせます。次に、茶碗の正面に口をつけないように、茶碗を回してから茶を飲みます。茶碗を回す方向や回数は流派によってちがいます。

千利休が完成させた「わび茶」

　日本では、鎌倉時代の終わりごろから茶の栽培がさかんになり、茶を飲む習慣も広まりました。室町時代には、各地の茶を飲んでどこの茶かを当てる「闘茶」という遊びが流行しました。茶道はこの「闘茶」から始まったといわれています。

　現代に伝わる茶道をつくり上げたのは、安土桃山時代の千利休という茶人でした。むだを省き、かざらず自然のままであることを大事にした千利休は、豪華な茶道具より、質素でかざりけのない茶道具を好み、茶を点てて飲むためだけの部屋「茶室」をつくるなどして、「わび茶」という独自の文化を確立させました。それが江戸時代に武士の教養としても広まり、現代の茶道につながっています。

必須アイテム

茶碗
茶を点てて飲む器。

茶筌
茶を点てるための道具で、竹でできている。抹茶に湯を入れてかき回すときに使う。

茶杓
茶器から抹茶をすくって茶碗に入れるためのもの。

茶器
抹茶を入れておく器。「茶入れ」と「薄器（薄茶器）」がある。

釜
茶を点てるための湯をわかす道具。ここからひしゃくで湯をすくって茶を点てる。畳にうめこんだ使い方と、畳に置いた「風炉」という道具の上に釜をのせる使い方がある。

掛物
亭主の姿勢や茶会のテーマを表す。文字を書いたもの、絵をえがいたものなどがある。

花入
季節に応じた花をかざるための器。金属・陶磁器・竹・かごなどを使い分ける。

香合
茶室でたく香を入れておく器。

もっと知りたい！茶道 Sado

茶道は、お茶を飲むだけが目的ではありません。お茶を点てる空間にあるすべてのものが、茶道の「おもてなし」や「心づかい」の精神を表します。亭主と客が、その精神を共有することが大切です。

さまざまな心づかいを味わう総合芸術

茶道には「一期一会」という言葉があります。人との出会いを一生に一度のものと思い、心をこめてもてなすということです。そのためには、あらゆることに心を配ります。茶室を整え、庭を手入れし、茶室の床の間にかざる茶花や掛物、香を用意します。茶道具を選び、菓子や料理を準備します。亭主はそうしておもてなしの空間をつくり上げ、心をこめて茶を点てて、客をもてなします。

客は、その空間のすべてを鑑賞し味わいます。亭主のおもてなしの気持ちに応え、その場にふさわしいふるまいをし、感謝を示します。そうすることで亭主と客との気持ちが一つになり、心の交流が生まれるのです。茶道は、手前という作法を中心にさまざまな要素が一つになった、総合芸術といえます。

亭主
茶事を主催する人。茶道具や掛物、茶花などについての説明もする。

▲茶室にはさまざまなおもてなしの心があり、招かれた人はその一つひとつを味わう。

茶室に入る前から茶事は始まる

おもてなしは、茶室に入る前から始まっています。茶室につながる露地とよばれる庭園は、亭主が導く茶の世界への入り口です。

つくばい
露地に置かれた、手水鉢（水の入った器）。茶室に入る前に心身を清めるために使う。

関守石
「ここから先へは行かないように」という目印として、露地の分かれ道に置く石。なわで十字にしばってある。

腰掛待合
露地に置かれた屋根つきのベンチ。客はここに座って、亭主のむかえを待つ。

奈良県生駒市

高山茶筌

奈良県の高山は、日本でただ一つの茶筌の産地です。ほとんど手作業で茶筌がつくられています。茶筌づくりの伝統は、室町時代、高山城主の次男「宗砌」により初めて茶筌がつくられたことから始まりました。その後、主だった家来16名によって代々受け継がれ、その技は現在まで続いています。

写真：竹茗堂左文

世界から見てみよう

お茶は、世界中で愛されている飲み物です。日本茶や紅茶、ウーロン茶も、すべてもとは同じ「チャ」という植物の葉ですが、各国の風土や歴史のなかから、さまざまなお茶の文化が生まれています。

アフタヌーンティー（イギリス）

ケーキやサンドイッチとともに紅茶を楽しむ午後のお茶会。メニューや食器のあつかいなどに細かなエチケットがある。

ロシアンティー（ロシア）

「サモワール」という湯わかし器を使って紅茶をいれる。そえてあるジャムを口にふくみ、紅茶を飲むのが正しい作法。

茶藝（中国）

中国の茶道には、パフォーマンスの側面もある。茶葉によってちがったいれ方をしたり、ダイナミックな動きでいれたりして、客を楽しませる。

茶を愛するカナダの茶人

茶道は外国人の心もつかむ魅力をもっています。カナダから日本にやってきたランディー・チャネルさんは、3年間茶道を学んで「宗榮」の名をもつ茶人となりました。茶道の心を伝えるために、故郷カナダやタイなどさまざまな国に出かけて、世界中でお茶を点て、現在は京都で活動しています。

心をしずめ己を知る

▲茶道を、武道と同じだと思っていたユージーン。全然ちがうものであることを知る。（1巻より）
©みよしふるまち／マッグガーデン

茶道では、茶室という静かな空間の中で、もてなす相手と向き合い、ただ一心にお茶を点てます。集中することで、心を落ち着かせ、自分自身の足りないところを認めます。こうして精神を高めていくことが、茶道の修練なのです。

茶の湯と美を愛した戦国武将

茶道は、戦国武将の間でも流行していました。織田信長や豊臣秀吉など、名だたる武将が茶を愛し、茶会を開いていたのです。

もっと！茶道マンガ

『へうげもの』

織田信長や豊臣秀吉にも仕えた武将・古田織部。独創的な茶器を手に入れたいという欲と、武士として出世したい願望との間で悩み続ける。

山田芳裕／作　講談社　モーニングKC　1〜24巻（既刊）
©山田芳裕／講談社

筆と墨で、思いのままに自分を表現

書道
Shodo

『とめはねっ！鈴里高校書道部』
河合克敏／作
小学館
ヤングサンデーコミックス
全14巻
©河合克敏／小学館

帰国子女で書道未経験の大江縁は書道部に入部する。同じく未経験の望月結希と、書道部の先輩たちとともに「書の甲子園」入賞をめざす。

821字ある「雁塔聖教序」の全臨で「書の甲子園」に出したいんです。

4巻より ©河合克敏／小学館

ココが名場面

書道部の夏の合宿後半、みんなは大会に出す作品の練習に入っていましたが、大江は言葉選びに時間をかけていました。大会を最後に書道部をやめる予定の望月さんの心にひびくものを書きたかったからです。
最終日の夜になって、ようやく作品の構想が固まり、徹夜してでも書き上げたいと、筆をとる場面です。

14巻より ©河合克敏／小学館

書道なんでもデータ

これ、なんの数字？ **95％以上**

日本でつくられる墨のうち、奈良県で生産される墨の割合。ほとんどが奈良墨ですが、ほかに三重県の鈴鹿墨があります。

ニッポン文化再発見！書道ってなに？

墨と筆で文字を書く芸術

書道は、毛筆にすった墨をつけ、文字を書いて表現する芸術です。文字を正しく美しく書くだけでなく、作品として、書く人の個性を表現することも求められます。

書道で使われる書体（字の形）には、字をくずすことなく一画一画を正確に書く「楷書」というものがあります。これは私たちがふだん使っている基本的な書体です。そのほかに「行書」や「草書」などの書体もあり、これらの書体を使って、芸術性の高い文字をうみ出します。

日本独自の書の発展

書道は、もともと中国で発達したものです。日本では、約1300年前の奈良時代に、中国から書く道具（筆や硯、墨）や紙のつくり方が伝わったことから、書が始まりました。書をたしなむことは貴族や武士にとって欠かすことのできない教養とされ、その後一般の人々にも伝わります。

平安時代初期に、空海、橘逸勢、嵯峨天皇という3人の書家が活やくし、後に優れた書家として「三筆」とよばれます。平安時代中期には、漢字をやわらかく表現した「和様」という書体が生まれました。

室町時代には、部屋に設けられた床の間に書をかざるなど、書を味わい楽しむ文化が広がりました。

明治時代には、楷書に似た中国風の書体「唐様」がさかんになりました。現在、学校で習う書道は、この唐様がもとになっています。

▶書道の書体。明治時代から現在まで広く使われる楷書（左）。楷書をくずした形の行書（中央）。多くの省略をして、さらに形をくずした草書（右）。

必須アイテム

文鎮
文字を書いているとき、紙が動かないようにおさえる道具。細長い棒状のものが多い。

硯
墨をするための道具。水を入れた硯の上で墨をする。石や瓦でできている。

紙（半紙）
日本の和紙か中国の唐紙を使う。半紙は練習用の紙で、約34cm×25cmの大きさ。

墨
黒の着色料。植物の油や松やにを燃やした「煤」を、動物の皮を煮た「膠」で固めたもの。

筆
墨をつけて文字を書く道具。動物の毛でつくる。太さや毛の長さでいろいろな種類がある。

書道のルーツと歴史

▲紙に書かれた文字として、日本でもっとも古い『法華義疏』。お経を解説した書物を写したもの。　宮内庁蔵

▲「三筆」の一人、空海の肖像画。空海は「真言宗」という仏教の教えを広めた人としても有名。

写真：松山市教育委員会

もっと知りたい！書道 Shodo

学校の授業や習字教室などで、墨と筆で文字を書く機会があります。看板や包装紙などに筆で書いた文字もよく見られます。書道は今も、私たちの生活に深く根づいています。

気持ちを落ち着かせてていねいに書く

小学校・中学校の授業には習字（書写）の時間があります。文字を書くときの姿勢、筆の動かし方などを教わって、文字を正しく美しく書くことを学びます。この習字が、書道の基礎になります。

習字や書道の教室は学校以外にもあり、大人になっても教室で学ぶことができます。また、全国書道検定試験などに合格し師範の資格を取れば、人に教えたり自分で教室を開いたりすることもできます。

書道に親しむことで、字がきれいに書けるようになるだけでなく、気持ちを落ち着かせ、集中してていねいに書く姿勢を学べます。仏教で、お経を書き写す「写経」が修行の一つになっているのもそのためです。お坊さんでなくても、集中できる時間を楽しみに、写経に親しむ人たちもいます。

師範
書道を教えるための資格をもっている人が指導をする。

▲書道教室の様子。集中力も身につく書道は、人気の習い事の一つ。

身のまわりにある筆の文字

日本の伝統や「和」の心を感じさせる筆文字は、今も広く親しまれています。実際に筆で書くだけでなく、印刷にも使われています。

お店の看板やメニュー
そば、すし、日本料理や和菓子のお店などでは、看板やメニューに筆で書かれた文字を使っているところも多い。

パッケージや包装紙
和菓子や日本酒、着物や和風の小物など、和を重視したもののパッケージや包装紙にも筆文字がよく見られる。

賞状や卒業証書
正式なものや価値のあるものには、伝統的な筆文字を使うという習慣もある。賞状の名前などは筆文字が多い。

愛媛県四国中央市
書道パフォーマンス甲子園

2008年に第1回大会が開かれた、高校生の書道パフォーマンス大会。1チーム12人までの選手が、6分間の時間のなかで、音楽に合わせ、たて4m×横6mの作品を書き上げます。大会をモデルにした映画なども注目され、第10回大会には、全国から105校が参加しました。

写真提供：書道パフォーマンス甲子園実行委員会

世界から見てみよう

印刷やメールなどが発達した今でも、手書きの文字の魅力は、どこの国にもあります。心をこめて文字を美しく書く芸術は、アラビア語やアルファベットでも、その伝統を保ちながら、発展しています。

アラビア書道

宗教の教え『コーラン』を書き表すために発達した。アラビア書道は、文字の形は変えずに大きさや組み合わせでデザインする。

ペルシャ書道

イランでアラビア文字から生まれた書体で書かれるペルシャ書道。詩などが書かれることが多い。

西洋カリグラフィー

西洋の、文字を美しく見せるための手法。手書きで聖書を写していた修道僧たちが、手書きの価値を高めるために文字を美しく装飾したのが始まり。

アメリカで人気の書道

アメリカでは、東海岸のニュージャージー州や西海岸のワシントン州などに書道教室があり、子どもから大人まで書道を学んでいます。書道を芸術として表現する活動もさかんに行われていて、ニューヨークでは、書道パフォーマンスや書家の個展なども開かれています。

きれいな字でなくてもいい

▲顧問の影山先生が、大江と望月に木簡に書かれた字の特徴を教えてくれる。（10巻より）　©河合克敏／小学館

木簡は幅がせまく、墨がにじみやすいため、素早く書くことが重要です。とめ、はねをしっかり書いた楷書と比べると、個性的な字になります。いい書といわれるものが、一画ずつきちんと書いた字とは限らないのも書のおもしろさです。

文字の芸術家「書家」

書家とは、字を書くことを専門とした芸術家です。書家は自分の「書」を展覧会に出したり、売ったり、お店の看板やロゴなどを書いたりします。

もっと！書道マンガ

『ばらかもん』

ある小さな島へ移住してきた、書家の半田清舟。島民たちとのふれあいを通して、書道と向き合い、自分らしい書を追求し成長していく。

ヨシノサツキ／作　スクウェア・エニックス　ガンガンコミックスONLINE　1〜16巻（既刊）

©2009 Satsuki Yoshino/SQUARE ENIX

花のいのちの美しさを表現

華道 Kado

『ギャル華道』

咲坂芽亜／作
小学館
Sho-Comi
全3巻

©咲坂芽亜／小学館

華道の名門の娘・国栖原つぼみは、父の弟子である間中楓と出会い、自分にしかできない華道「ギャル華道」のうでをみがくことを決意する。

1巻より ©咲坂芽亜／小学館

ココが名場面

つぼみをよく思わない家元の弟子のおばさんたちに嫌味をいわれ、腹を立てたつぼみ。楓にうながされて、花をおばさんたちになぞらえて剣山にさしたとき、生け花が完成しました。
伝統や型よりも大切なのは、伝えたいことをありのままに生けることだと楓にいわれ、つぼみは忘れていた華道の楽しさを思い出すのでした。

1巻より ©咲坂芽亜／小学館

華道なんでもデータ
これ、なんの数字？ 1462年

華道について、一番古い記録が書かれた年。『碧山日録』※に、池坊専慶が花をさしたと記されています。

※東福寺のお坊さん・太極の日記。

ニッポン文化再発見！華道ってなに？

樹木や草花でつくり上げる芸術

華道は、樹木や草花を切って花器にさし、その美しさを表現し、鑑賞する芸術です。「生け花」ともよばれます。花は生きものなので少しずつ変化し、最後にはかれてしまいます。華道はその花の短いいのちをおしみ、いのちの美しさを表現する芸術でもあります。花を美しく見せる技術だけでなく、いのちと向き合う心構えや、れいぎ作法なども学びます。

日本人の植物への想いから生まれた

四季がはっきりした日本には、それぞれの季節にさく花があり、昔から自然のなかの植物を楽しむ「花見」が行われてきました。仏教が日本に伝わると、仏に花をそなえる「供花」もさかんになりました。こうした日本人と植物とのかかわりが、華道のルーツといえるでしょう。

現在につながる華道は、室町時代に始まりました。書院造の建物の「床の間」に、花器に立てた花をかざる「立花」という形です。京都の池坊専慶が披露した花が評判になり、その後、立花は武家や貴族の間に広まりました。安土桃山時代からさかんになった茶道（→6ページ）でも、茶室に花をかざりました。

江戸時代に入ると、立花を簡略化した親しみやすい「生花」が誕生し、町人の間にも広まります。その後も、明治時代に入ってきた西洋（ヨーロッパやアメリカ）の花を取り入れ、浅く広い花器を使う「盛花」、立てる花をより自由にした「投入」など、伝統を伝えながら、時代に合わせた形が生まれています。

必須アイテム

剣山
花器に花を固定するための道具。全面に針がついていて、針のすきまにくきをはさむ。

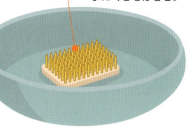

花器
花を生けるための器。草花や生け方に合わせたさまざまな形や素材がある。

花ばさみ
花や草木を切るための専用のはさみ。柄が刃より長く、手でつつむように持つ。

立花の今と昔

▲床の間にかざられた立花。

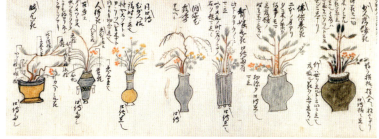
▲『花王以来の花伝書』
室町時代の立花について書かれた、華道に関する、現在残っている最古の書物。

華道家元池坊総務所蔵

現在も広く愛される日本の民族衣装

和服
Wafuku

『きものがたり』
沖野ヨーコ／作
講談社
KC KISS
全2巻
©沖野ヨーコ／講談社

デパートの呉服売り場ではたらくことになった鶴丸葵。売り場で出会う人々との交流を通して、着物の素晴らしさを知っていく。

「葵が成人式に着た振袖はお母さんがおばあちゃんに作ってもらった着物なのよ」

わたしの成人式のときの振袖

おばあちゃんの顔は写真でしか見たことないけどなんかこうしてるとあったかい

着物っていろんな思いが伝わるものなんだな

1巻より ©沖野ヨーコ／講談社

ココが名場面

夏が近づき、浴衣をならべ始めた呉服売り場。浴衣も和服の一つで、夏祭りなどで着る人が多くいます。

接客のため、葵たち店員は浴衣に着がえます。店員が着ることで、お客の目をひき、浴衣のよさを感じてもらおうとしている場面です。行事に合わせて和服を着る、わくわくした気分を味わう葵でした。

1巻より ©沖野ヨーコ／講談社

和服なんでもデータ

これ、なんの数字？　約36㎝

反物（着物を仕立てる前の布）の幅。
着物は1反（幅約36㎝、長さ約12m）の布でつくります。

ニッポン文化再発見！ 和服ってなに？

日本で昔から着られてきた服

　和服は日本の民族衣装です。よく使われる「着物」というよび名は、「着るもの」が短くなったものといわれています。明治時代、西洋の文化や生活習慣が日本に広まったため、西洋式の服「洋服」に対して着物を「和服」とよぶようになりました。

　今の和服のもとになったのは、平安時代の「小袖」とされています。

　現在の和服、着物は、長着とよばれるもので、足首くらいまでの長さがあります。一着分の布「反物」をまっすぐに切り（直線裁ち）、そでなどのパーツをぬい、それらをぬい合わせて完成させます。着るときは、体に合うよう長さや幅を調節し、帯をしめます。

平安時代に生まれ、江戸時代に完成

　縄文・弥生時代には、けものの毛皮や1枚の布の真ん中に、穴をあけて頭を通す形の服を着ていました。飛鳥・奈良時代には、中国から入ってきた服装が中心でしたが、平安時代になると、日本独自の着物が生まれます。そのころ、貴族たちが下着として着ていたもので、一般の人は普段着として着ていたのが小袖です。

　この動きやすく便利な小袖が表に着るものとして広がり、織物や染め物の技術の発達によって、はなやかな小袖もつくられるようになっていきます。帯も前でしめていた細いひもから、太く豪華に変化し、後ろで結ぶようになりました。江戸時代には、現在の和服とほとんど変わらない小袖が完成したといわれています。

必須アイテム

着物
独身の女性用の振り袖、いろいろな場面に使える訪問着など、場面や季節に合わせて選ぶ。

帯・帯締め
着物の上から巻いて体の後ろで結び、体に固定させる帯。さらに帯をおさえる帯締めを結ぶ。

足袋・はき物
足袋は素足にはき、出かけるときは下駄や草履などのはき物をはく。

かみかざり（くし・こうがい・かんざし）
女性がまげ（伝統的な髪形）を結うとき、髪をまとめたり、かざったりするのに使う道具。

和服の歴史

▲十二単
平安時代の貴族の女性の服装。袖の広い袿という衣装を、何枚も色を重ねて着た。

▲袴
男性が身につける服。着物の上からはく。武士の時代に動きやすい形に変化し、武士の正式な服装となった。

もっと知りたい！ 和服 Wafuku

和服では、夏にはうすく涼しい「薄物」、その前後には裏地をつけない「単衣」、寒い時期には裏地のついた「袷」を着ます。伝統的な和服は、日本の気候に合うように工夫されています。

行事やお祝いのとき以外にも着る

今の生活の中心は洋服ですが、さまざまな行事で和服を着る機会があります。たとえば、七五三や盆踊り、花火大会、正月などです。ほかにも、成人式に振り袖を着て出席する女性や、結婚式やパーティーに和服で参加する人も多くいます。また、日本旅館や和食の店ではたらく人、相撲の力士など、行事以外で毎日和服を着る仕事の人たちもいます。

最近では、古い和服や布のよさが見直されていて、若い女性を中心に、人気が出ています。また、京都のような歴史のある観光地などを中心に、観光客が和服姿で街を歩けるよう、着物や浴衣をレンタルするサービスも広がっています。毎日着る、というよりも、ちょっとしたイベントや楽しみのために和服を着る人が増えてきています。

着つけ

一人で和服を着るのが難しい人のために、着つけのプロ（着つけ師）がいる。

▲観光地での和服レンタルは、着つけもしてもらえる。日本人だけでなく、外国人観光客にも人気がある。

写真：きものレンタル夢京都

着物を楽しむおしゃれやアレンジ

着物には、帯やはき物、小物や髪形を工夫し、組み合わせる楽しみがあります。なかでも**帯の結び方はおしゃれのポイント**です。

文庫結び
浴衣の帯の基本的な結び方。体の前で結んで形をつくったあと、結び目を後ろに回す。

二重太鼓結び
着物の帯の基本的な結び方。帯枕という道具を使い、山（お太鼓）をつくって結ぶ。

立て矢結び
振り袖用のはなやかな結び方。ちょう結びをななめにしたような形になる。

京都府
西陣織

西陣織は、金や銀の糸、金ぱくなども使われる豪華で美しい織物です。先に糸を染め、その糸で模様を織る「先染め」の手法で、手間も時間もかかります。室町時代の応仁の乱のあと、西軍の陣地だった場所で始まったため西陣織とよばれるようになりました。

写真は、「袋帯」とよばれる帯。

写真：
西陣織工業組合

世界から見てみよう

世界のそれぞれの地域に、その土地の気候や風土に合った民族衣装があります。もとは外国から入ってきたものがアレンジされ、その国の伝統になっている場合もあります。

キルト（スコットランド）
男性が着る服。タータン（模様）を織ったウールの布を腰に巻き、決まった方法で留める。

アノラック（カナダなど）
アザラシやトナカイの皮でつくる防寒着。フードがついている。

ポンチョ（チリ）
布の真ん中に穴をあけ、そこに頭を通して着る。

カンガ（ケニア）
長方形の綿の布を、体に巻きつける。ほかにスカーフやバッグのようにも使う。

トーブ・アバヤ（カタール）
男性はトーブという白の長い服、女性はアバヤという黒の長い服を着て、頭に布をつける。

アオザイ（ベトナム）
スリットの入った、足首くらいまである長い上着。下にズボンをはく。

ヨーロッパで注目の和服

観光客が日本でレンタル和服を楽しむだけでなく、海外でも和服は注目されています。2016年、イタリアのミラノでは、着物のファッションショーが人気をよび、ファッション誌にも取り上げられました。フランス・パリのKIMONOYAというお店では、着物や和風の小物などを販売しています。

かっこいい着物の着方!?

▲着つけ教室にモデルとして連れてこられた高梨さんは、着物のことをよく知っていた。（1巻より）©沖野ヨーコ／講談社

体におうとつがあるままで着物を着ると、しわやたるみが出て、着くずれの原因になります。やせている人は、くびれやへこみのある部分にタオルをまき、補正をします。そうすることで、着くずれることもなく上手な着こなしができます。

和服をアレンジ！

最近では、帯にレースをあしらったり、着物のたけを短くしてミニスカートのようにしたりと、現代風の着こなし方も人気です。

もっと！和服マンガ
『とらわれごっこ』

大熊忍は、ある日同級生の小熊くんの荷物をよごしてしまう。忍は、その荷物を弁償するために、彼の祖母の着物屋「こぐまや」ではたらくことに。

サカモトミク／作　白泉社　花とゆめコミックス　全6巻

©サカモトミク／白泉社

わずかな文字で感情を豊かに表現

和歌
Waka

『超訳百人一首 うた恋い。』
杉田圭／作
KADOKAWA
単行本
1〜4巻（既刊）

百人一首を選んだ藤原定家をはじめ、百人一首に収録されている歌をよんだ歌人たちの、恋愛模様や、歌にこめられた気持ちをえがく。

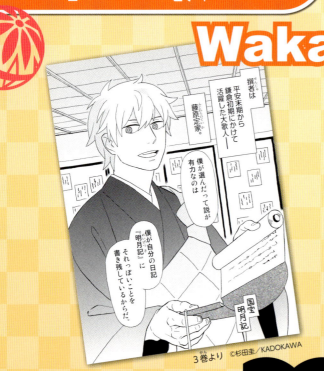

3巻より　©杉田圭／KADOKAWA

ココが名場面

定家と式子内親王は和歌をよみ合ううち、たがいを好きになっていきます。しかし、身分のちがいから、和歌のやりとりでしか気持ちを伝えられないまま、式子は死んでしまいます。

この場面での「来ぬ人を……」の歌は、式子に会えない、つらい気持ちをよんだ歌ともいわれ、百人一首に収録されています。

1巻より　©杉田圭／KADOKAWA

和歌なんでもデータ

これ、なんの数字？　**36人**

和歌の上手な歌人として選ばれた人数。三十六歌仙という。平安時代、貴族の藤原公任によって選ばれました。

ニッポン文化再発見！ 和歌ってなに？

短歌・長歌・旋頭歌などがある

　和歌は、日本に古くからある詩歌です。五音と七音を基調としているのが特徴で、代表するものに短歌があります。短歌は五・七・五の上の句と、七・七の下の句の五句の三十一文字によって表され、一首、二首と数えます。

　和歌には短歌のほかに、長歌（五・七の句をくり返し、七の句で終わる歌）、旋頭歌（五・七・七、五・七・七形式の歌）などもありましたが、しだいにすたれ、平安時代からは、和歌は短歌をさすようになっていきました。

「歌謡」が「和歌」の始まり

　祭りの場や、同じ地域に住む人たちの労働の場で、自分たちの感情を音楽にのせて歌ったのが「歌謡」の始まりで、この集団で歌う歌謡が、個人の感情や考えがこめられた和歌へと変化していったと考えられています。

　日本最古の和歌集『万葉集』は、奈良時代に約4500もの歌を集めてつくられました。平安時代の優れた短歌は『古今和歌集』に、鎌倉時代のものは『新古今和歌集』にまとめられています。現代でも親しまれている「百人一首」は、鎌倉時代に藤原定家が、古代からの優れた短歌のなかから100首を選び集めたものです。

　江戸時代には、和歌の形式におもしろおかしい内容をもりこんだ「狂歌」が流行しました。明治時代になると、外国から自由な表現の詩が入ってきます。短歌の世界でも、情景や感情をありのままによもうとする近代短歌が生まれ、その後、現代の短歌へと続いてきたのです。

必須アイテム

筆
江戸時代まで、墨と筆が筆記用具として使われていた。和歌もすべて毛筆で記されていた。

懐紙
和歌などを正式に記すときに使う和紙。平安時代の貴族は、ふところに入れた懐紙に和歌を書きとめていた。

和歌の歴史

◀『万葉集』の歌の一部が書かれた木簡（文字などを書き記した木の札）。奈良時代の史跡・紫香楽宮跡から発見された。

写真：甲賀市教育委員会

▼「女房三十六歌仙」
小野小町と和歌。小野小町は平安時代の歌人で三十六歌仙の一人。美女という伝説が残っている。

国立国会図書館蔵

もっと知りたい！ 和歌 Waka

自然の光景や人を想う気持ち、人生の喜び、はかなさを五・七・五・七・七のリズムを使って表現する和歌。その言葉がつくり出す豊かな世界は、今も、人々の心をとらえ続けています。

現代にも息づく和歌の世界

「君が代」の歌は、和歌の世界をもっとも身近に感じられるものの一つです。その原型は『古今和歌集』のなかにある短歌で、「わがきみは」の始まりでその歌詞がよまれています。

「竹やぶ焼けた」のように、上から読んでも下から読んでも同じ文になる「回文」も、和歌が始まりです。平安時代の本に「むら草に 草の名はもし そなはらば なぞしも花の咲くに咲くらむ」という短歌が残されています。

現代でも新しい短歌がよまれ、各地で歌会が開かれるなど、人々に親しまれています。さらに、百人一首は競技かるた（→２巻42ページ）の素材になっていることで、さまざまな世代や外国からも人気を集めています。

平安装束
歌会を再現するために、平安時代の装束を着ている。

曲水
庭園や林などを曲がりくねって流れる川。

▲曲水の宴
歌会の一種。奈良時代に始まり、平安時代に宮中行事として定着した。出された題にそって和歌をよみ、よんだ人が曲水を流れる盃を取り上げお酒を飲む。
写真：城南宮

和歌のさまざまな楽しみ方

かつて和歌は、貴族たちの楽しみの一つでした。ゲームのような楽しみ方もあり、気持ちを交わすための道具でもありました。

歌合
二組に分かれて、出された題に合わせて歌をよみ、どちらの組の歌がよいか勝敗を競う。平安時代に流行した。

返歌
おくられた歌に対して、お返しに歌をおくること。平安時代には、恋人たちが気持ちを伝えるためにしばしば歌をおくり合った。

折句
各句の頭にものの名や地名などの文字を一字ずつ置いて、よまれた句。短歌や俳句で用いられる言葉遊びの一種。

からころも
きつつなれにし
つましあれば
はるばるきぬる
たびをしぞおもう

※かきつばた…アヤメ科の植物

静岡県富士市
富士山の絶景をよむ

古くから神の山としてあがめられていた富士山。『万葉集』にも富士山の歌が11首あります。なかでも三十六歌仙の一人、山部赤人がよんだ、「田子の浦ゆ うち出でてみれば 真白にそ 富士の高嶺に 雪は降りける」が有名です。現在の静岡県田子の浦にも富士山が見えるところに歌碑が立っています。

写真：静岡県田子の浦港管理事務所

世界から見てみよう

和歌は、限られた文字数や規則、独特なリズムで豊かな想いを文学的に表現しています。そうした技法を使う詩は、世界のさまざまな場所で、それぞれの国の言語でうみ出され、多くの人に親しまれてきました。

漢詩（中国）

漢の時代に生まれた中国の伝統的な詩。一行四言、五言、七言などの形式をとり、句や行の終わりで韻をふむ。

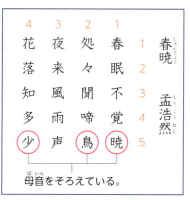

```
 4   3   2   1
 花   夜   処   春    1  春暁
 落   来   々   眠       しゅんぎょう
 知   風   聞   不    2
 多   雨   啼   覚    3  孟浩然
 少   声   鳥   暁    4   もうこうねん
                     5
```
少・鳥・暁 母音をそろえている。

ソネット

イタリアでうみ出され、ヨーロッパで13世紀ごろから親しまれている詩の形式。一編が14行からなり、句末、行末で類音・同音を反復することが多い。

ペトラルカのソネット　第104番

1　Pace non trovo, et non ò da far guerra;
2　e temo, et spero; et ardo, et son un ghiaccio;
3　et volo sopra'l cielo, et giaccio in terra;
4　et nulla stringo, et tutto'l mondo abbraccio.
5　Tal m'à in pregion, che non m'apre né serra,
6　né per suo mi riten né scioglie il laccio;
7　et non m'ancide Amore, et non mi sferra,
8　né mi vuol vivo, né mi trae d'impaccio.
9　Veggio senza occhi, et non ò lingua et grido;
10　et bramo di perir, et cheggio aita;
11　et ò in odio me stesso, et amo altrui.
12　Pascomi di dolor, piangendo rido;
13　egualmente mi spiace morte et vita:
14　in questo stato son, donna, per voi.

同じ色の言葉は母音をそろえている。

世界の国々でほん訳される和歌

明治時代以降、日本が外国と交流をもつようになると、日本文学も外国に知られていきます。百人一首は、日本の古典文学に興味をもったイギリスの弁護士の手によって初めて英訳されました。そのほかにも、ドイツ語、フランス語、ロシア語、中国語など、世界各地の言葉にほん訳されています。

歌で想いを伝え合う

▲藤原行成からのさそいの歌に、ふさわしい歌を返そうとする清少納言。（3巻より）　©杉田圭／KADOKAWA

歌のやりとりは、好意を伝え合うだけでなく、おたがいの教養をよみ取るための、ものさしにもなっていました。たとえば、中国の故事になぞらえてよまれた和歌に、うまい返しをできるのは、その故事を知っている人だけです。

現代短歌で「歌会」

人々が集まって共通の題で歌をよんで、発表し合う会を「歌会」といいます。現代でも、いろいろなところで開かれています。

こっちは！現代短歌マンガ

『ショートソング』

克夫は恋心を寄せる先輩・舞子に連れられて、歌会に参加した。そこで舞子の恋人・寛介にほめられて、短歌のおもしろさにはまっていく。

枡野浩一／原作　小手川ゆあ／画　集英社　ジャンプコミックスデラックス　全2巻

©枡野浩一・小手川ゆあ／集英社

現代でも大人気！ 世界最古の長編小説

源氏物語
Genjimonogatari

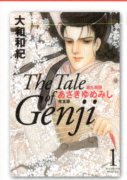

『あさきゆめみし』

大和和紀／作
講談社
KCDX Kiss
全10巻

帝の息子として生まれ、幼くして母を失った光源氏。はなやかな平安王朝を舞台に、彼の一生と女性たちとのかかわりをえがく。

1巻より ©大和和紀／講談社

ココが名場面

小さいころから父親である帝の妃、藤壺の宮が好きだった光源氏。それは許されない恋でした。あるとき、藤壺が遠くへ行ってしまうと聞いた光源氏は、地位や財産すべてを投げ出してでも藤壺に会おうと決心します。

こうした光源氏の恋物語に、平安貴族だけでなく、多くの人が夢中になり、時代をこえて読み継がれたのです。

1巻より ©大和和紀／講談社

源氏物語なんでもデータ

これ、なんの数字？　**3歳**

光源氏が、母・桐壺更衣を亡くしたときの年れい。母への想いは、母によく似た藤壺への初恋に変わっていきます。

24

ニッポン文化再発見！ 源氏物語ってなに？

1000年読み継がれてきた長編小説

『源氏物語』は、平安時代に書かれた54帖（帖は手折りの本を数えるときの単位）にわたる長編小説です。作者は、当時の天皇の妃、中宮彰子に仕えていた紫式部です。紫式部は中宮の家庭教師の役目を務めていました。物語の舞台となる宮中の生活は、紫式部自身の体験によるものです。

源氏物語は、光り輝くような美しさと才能をもつ天皇の息子、光源氏を主人公に、息子や孫、三代にわたる70年をえがいています。

物語の第一部では、若き光源氏がはなやかにえがかれます。母である桐壺更衣、母の死後、天皇の妻となった初恋の人、藤壺の宮。最初の妻、葵の上、10歳で源氏に引き取られ、理想の女性に育てられた紫の上、そのほか空蝉、女三宮など、多くの女性が彼をとりまきます。

第二部では、最愛の紫の上を失い、出家した源氏の死までがえがかれ、第三部（宇治十帖）は、源氏の息子・薫と孫の匂宮の恋が物語の中心になっています。

今も世界で評価されている名作

世界で一番古い長編小説ともいわれる『源氏物語』は、世界各国でほん訳され、世界的な文学として高く評価されています。

また『源氏物語』を現代の言葉で伝えたいと、明治時代以降、与謝野晶子、谷崎潤一郎、円地文子、瀬戸内寂聴などの作家たちが『源氏物語』を発表しています。その流れは現代にも続き、新たな現代訳が生まれています。

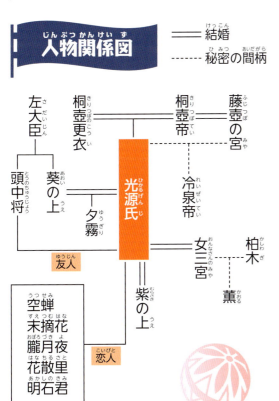

人物関係図
― 結婚
--- 秘密の間柄

男性貴族の服装

烏帽子：直衣を着るときにかぶる帽子。正式な服装では冠をかぶる。

直衣：貴族のふだん着。正式な服装では地位によって色が決まっていたが、直衣では自由だった。

扇子：冬はヒノキでできた檜扇、夏は竹の骨に紙を張った蝙蝠扇（羽を広げたコウモリのような形の扇）を持つ。

源氏物語の世界

◀『源氏物語』の世界は、平安時代から数多く絵にえがかれている。絵はスズメを逃がした紫の上とそれを見る光源氏。
「源氏物語絵色紙帖 若紫」
京都国立博物館所蔵

五・七・五の十七音に想いをこめる

俳句
Haiku

『あかぼし俳句帖』
有間しのぶ／作
奥山直／画
小学館
ビッグコミックス
全6巻
©有間しのぶ／奥山直／小学館

俳人・翠との出会いをきっかけに趣味として俳句を始めることにしたサラリーマンの明星。俳句の奥深さを知り、真剣に取り組むようになる。

1巻より ©有間しのぶ／奥山直／小学館

ココが名場面

季節や自然が感じられる場所に出かけ、俳句をつくることを吟行といいます。明星たちは北鎌倉を吟行し、それぞれの句を発表し合います。
明星は、ある人の句をよんで、そのときの光景が頭にうかんだように感じました。自分も見ていた同じ光景を、俳句で見事に再現していたことに驚く場面です。

2巻より ©有間しのぶ／奥山直／小学館

俳句なんでもデータ
これ、なんの数字？　**約2万4000句**
正岡子規がつくった俳句の数。子規は明治時代に俳句雑誌を発行しました。

ニッポン文化再発見！ 俳句ってなに？

 ## 十七音で表現する世界

俳句は五・七・五の十七音でつくる、短い詩です。十七音で、自然や人々の様子、自分が感じたことなどを表現します。

俳句では十七音のなかに、季節を表す言葉、「季語」を入れるのが、基本的なルールです。また言葉の意味の切れるところに、「や」「かな」などの「切れ字」をおくこともあります。たとえば「しずかさや　岩にしみいる　せみの声」の句なら、「しずかさや」の「や」が切れ字、「せみ」が夏の季語になります。

 ## 俳諧の句から俳句へと進化

俳句の始まりは「俳諧の句」でした。俳諧とは、「ゆかいな」「おもしろみのある」という意味です。室町時代になると、短歌の上の句と下の句を分け、それぞれ別の人がつくる「連歌」が広がりました。連歌はやがて「俳諧の連歌」になり、最初の上の句（五・七・五）には季語を入れ、それを「発句」とよびました。

江戸時代に入ると、発句の部分が独立して、作品として評価されるようになります。江戸時代の俳人・松尾芭蕉は、今も広く知られる作品を、旅のことを書いた本に残しています。

明治時代になると、正岡子規たちが、発句に代わる「俳句」という言葉をつくります。また、俳句には自然や人々の様子を見たままに写す「写生」の考えを取り入れました。

室町時代に生まれた俳諧の句は、江戸時代に松尾芭蕉たちによって文学として高められ、明治時代に今につながる俳句になったのです。

必須アイテム

筆記用具
近年は毛筆だけでなく、サインペンやえんぴつも使われる。

歳時記（季語辞典）
季語をまとめたもの。電子辞書にも季語辞典がある。

俳句手帳や俳句ノート
思いついたことをすぐにメモする手帳や、よんだ句を書きためていくノート。

俳句のルーツと歴史

◀松尾芭蕉肖像。松尾芭蕉は、江戸時代、「おもしろさ」が中心だった俳諧を芸術にまで高めた。
国立国会図書館蔵

▲矢立
筆と墨つぼを入れた携帯用の筆記用具。松尾芭蕉が旅の初めの句を「矢立の初め」としたことで有名。

正岡子規「仰臥漫録」
明治時代に俳句を広めた正岡子規の日記。俳句や水彩画もまじえ、死の直前まで記された。
虚子記念文学館所蔵

もっと知りたい！俳句 Haiku

俳句をつくることを、俳句を「よむ」といいます。五・七・五のリズムは、日本人に親しみやすく、身近に感じられます。短い言葉で表現する俳句は、日本だけでなく世界にも広がっています。

年れいや立場をこえて親しまれている

俳句は紙とえんぴつ、そして歳時記があれば、誰でも始めることができます。自分一人で楽しむこともできれば、たとえば新聞や俳句雑誌に投稿するなど、作品を発表できる場所もあります。

市区町村や新聞社などが開く文化講座にも、俳句の教室があります。また、結社とよばれる俳句の会に入ると、会の俳句雑誌に作品をのせたり、おたがいの句を鑑賞する句会や、景色のよい場所で句をよむ吟行などのイベントに参加したりできます。

短い言葉で表現する俳句のよいところは、年れいや立場に関係なく、親しみやすく、始めやすいところです。俳句が好き、おもしろい、という同じ気持ちがあれば、ずっと年上の人とも、句をよんで交流することができます。

季語選び
夏から連想される言葉を書き出し、俳句に入れる季語を選んでいる。

▲東京都江東区の小学校で行われている俳句の授業。小学生ならではの感性で、新しい俳句が生まれている。江東区は、松尾芭蕉ゆかりの地でもある。
写真：江東区立浅間竪川小学校

いろいろな俳句の表現方法

俳句の基本的なルールは、五・七・五の十七音で、季語を入れるということです。しかし、そのルールをこえた表現もあります。

字あまり・字足らず
この句は最初が六音になっている。十七音より字数が多い場合を「字あまり」、少ない場合を「字足らず」という。

旅に病んで夢は枯野をかけめぐる　松尾芭蕉

無季
季語が入っていない俳句を「無季」とよぶ。季節に関係なく、自分の想いを表現する句。

しんしんと肺蒼きまで海の旅　篠原鳳作

自由律
五・七・五の形をはみ出して、自由なリズムで表現した句。「自由律俳句」とよぶ。

分け入っても分け入っても青い山　種田山頭火

愛媛県松山市
松山俳句甲子園

高校生の俳句大会。正岡子規の故郷であり、子規の友人、夏目漱石のゆかりの地でもある松山市で開かれます。五人一組で参加し、句をよむだけでなく句について話し合い、鑑賞する力も競います。地方大会で優勝するか、俳句投稿審査などで選ばれたチームが、松山市での全国大会に出場します。

写真：俳句甲子園実行委員会

世界から見てみよう

俳句は、英語や中国語でもよまれています。外国語でよむ場合、十七音のルールをそのままいかすことはできませんが、3行に分けて書く、漢字であれば字数を五・七・五にするなどの工夫をして、俳句として親しまれています。

英語俳句

tears of joy
rain drops run up the window
of home bound plane
（作：Rudychev Natalia　アメリカ）

（第21回「草枕」国際俳句大会外国語部門の大賞作品）

訳：喜びのなみだ
　　故郷に向かう飛行機の
　　窓の雨滴が上にはしる

漢俳

寒蟬空鳴響
故人志向奔四方
我獨守故郷
（作：賴玄同　台湾）

漢字十七文字でよむ漢俳。
（第21回「草枕」国際俳句大会外国語部門の入賞作品）

訳：つくつく法師が鳴いている
　　旧友たちは活やくの場を求めてあちこちへ行くが
　　われは一人故郷を守ってゆくとしよう

🌐 アメリカでhaikuの授業

アメリカでは多くの小学校で、haikuの授業があります。季語や音の数のルールはもとにしていますが、もう少し自由に、短い詩という形でつくられています。短くて子どもにもつくりやすいこと、その短いなかに気持ちや心の動きを表現できることが、人気の理由です。

イメージを共有できる季語

▲翠さんに初めて句を見てもらい、1句だけ俳句と認めてもらえた。（1巻より）　　©有間しのぶ／奥山直／小学館

四季のはっきりしている日本では、季語のもつ雰囲気や、そこから広がるイメージが、読む人にも伝わります。季節を表す短い一つの言葉に、気持ちや感情をこめ、読む人と分かち合うことができるのが、俳句の魅力の一つです。

俳句に似ている「川柳」

川柳は、俳句と同じ五・七・五の十七音でよみます。ちがうのは季語や切れ字がなくてもよいところで、俳句よりも約束ごとが少なくなっています。

こっちは！川柳マンガ
『川柳少女』

文芸部の雪白七々子は、とてもはずかしがり屋な女の子。言いたいことは、五・七・五の川柳にして伝える。

五十嵐正邦／作　講談社　講談社コミックス　1〜3巻（既刊）
©五十嵐正邦／講談社

江戸時代に花開いた日本独自の数学
和算 Wasan

『和算に恋した少女』
中川真／作
風狸けん／画
小学館
ビッグコミックス
全3巻
©中川真／風狸けん／小学館

米倉律は、江戸で起こる事件を算法の知恵で解決しつつ、和算家の父の残した道具・正負物差しから「虚ろなる数」に近づいていく。

1巻より ©中川真／風狸けん／小学館

ココが名場面

店のお金を盗んだと疑われた佐吉が、算術家・律に助けを求めにやってきたので、律が消えた十両のなぞを解き明かす場面です。実は、お金は消えておらず、佐吉を店から追い出すための番頭のワナだったのです。

佐吉の無実が証明され、番頭はこれをきっかけににせ金づくりの罪が発覚し、つかまってしまいました。

1巻より ©中川真／風狸けん／小学館

和算なんでもデータ
これ、なんの数字？　1627年
和算の本『塵劫記』が出版された年。出版後、和算は広く楽しまれるようになりました。

ニッポン文化再発見！和算ってなに？

日本で独自に発展した数学

　和算とは、主に江戸時代に使われていた、日本で独自に発達した数学のことです。

　今、私たちが学校で習っている算数や数学は、ヨーロッパで発達した西洋数学とよばれる数学です。和算は、算用数字や＋、－、×、÷などの記号を使う西洋数学とはちがい、漢字を使ってたて書きで計算するものです。また、両替や船の運賃を求めるものなど、当時の実際の生活に題材をとっているのも、大きな特徴です。

　和算は、暦や地図などをつくるためにも役立てられた一方で、今でいうパズルの一種のようなものと受け止められることも少なくありませんでした。そのため、愛好家たちが問題をつくって解き合い、頭脳を競い合うこともありました。

世界的なレベルに達していた和算

　数学の考え方は、大昔に中国から日本に伝わっていたといわれています。8世紀に成立した日本最古の和歌集『万葉集』には、「八十一」と書いて「くく」と読ませる記述があることから、その時代にはすでに九九が知られていたことがわかっています。

　江戸時代に入り、1627（寛永4）年に、数学パズル的な問題も集めた『塵劫記』が吉田光由によって書かれ、ベストセラーとなりました。そして、関孝和という和算家の登場によって、和算のレベルは急速に高まります。特に、記号を使って計算をする「代数」や図形に関する数学「幾何学」などの分野は、関の研究によって飛やく的に発展しました。

必須アイテム

算盤
算木を使って計算するときに使う、木や紙でできた盤。けたごとに区切られた格子状になっている。

算木
木や竹でできた直方体の棒で、ならべ方によってさまざまな数字を表す。赤は正の数（プラス）、黒は負の数（マイナス）を示す。

そろばん
珠を上下に移動させ、計算を行う道具。はりより上の珠（五珠）が5を表し、下の4つの珠（一珠）がそれぞれ1を表す。

和算の発展

◀関孝和（1642？～1708年）
和算を世界的な数学のレベルにまで発展させた和算家。弟子たちによって、関流とよばれる和算の流派がつくられた。　一関市博物館蔵

▲算額
額や絵馬に和算の問題とその解き方をかき、寺や神社に奉納したもの。江戸時代、和算の愛好家によって、多くの算額が奉納された。　写真：寒川神社

もっと知りたい！和算 Wasan

和算は、明治時代になって西洋数学が入ってくると、ほとんど使われなくなりました。しかし、江戸時代に庶民にも楽しまれた和算は、現在、各方面で見直されてきています。

今も入試問題に出る和算

江戸時代の和算は、遊びや実学（社会生活に実際に役立つ学問）の要素もあったため、多くの人に広まっていきました。

たとえば、年貢を取り立てる役人は、年貢の量を決めるときに、田畑の面積を計算しなければならないため、和算の知識が必要でした。暦をつくる役人も同じです。また、植木算や鶴亀算など身近なものを題材にした和算の問題は、庶民の生活にも役立ちました。このような問題は、今も中学校の入試問題に出題されるなど、見直されてきています。

江戸時代の人々は、このようにして日常的に計算に親しんでいたため、明治時代になって教育に西洋数学がとり入れられたときも、和算で養われた基礎的な知識がおおいに役に立ったといわれています。

ねずみ算
ある期間にねずみがどれだけ増えるか、ということを計算するもの。

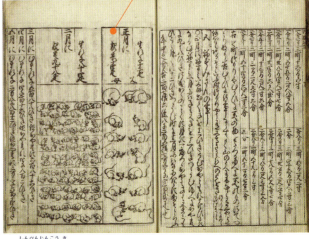

▲『新編塵劫記』
吉田光由が記した江戸時代の和算書。そろばんでの計算方法や田畑の計算方法など、多様な問題がのっている。
国立国会図書館蔵

江戸の庶民が楽しんだ和算の問題って？

身近な物事を題材にした和算の問題は、寺子屋で出題されたり、本として出版されたりしました。代表的な問題に挑戦してみましょう。

油分け算
油屋さんには8升と3升のますしかありません。5升だけ油を売るにはどうすればよいでしょう。

俵杉算
右の図のように、俵が積まれています。一番下の段が13俵のとき、俵は全部でいくつあるでしょう。
（ヒント）積まれた俵を三角形と考えて、同じ三角形を逆さにしてとなりに置き、四角形をつくる。

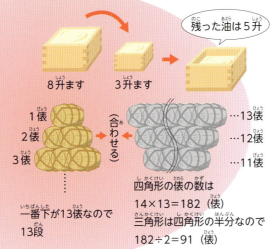

残った油は5升
8升ます　3升ます
1俵
2俵
3俵
…13俵
…12俵
…11俵
（合わせる）
一番下が13俵なので 13段
四角形の俵の数は 14×13＝182（俵）
三角形は四角形の半分なので 182÷2＝91（俵）

福島県田村市
佐久間庸軒書斎

江戸時代、和算の世界では関孝和の「関流」が大きな力をもっていましたが、出羽国最上（今の山形県）出身の会田安明は、出身地にちなんで「最上流」を創始しました。佐久間庸軒はその最上流をきわめた人物で、明治維新以後も、塾をひらいて弟子を育て、東北の数学の発展に貢献しました。

田村市教育委員会提供

世界から見てみよう

西洋数学や和算のほかにも、世界各地で独自に発展してきた、さまざまな種類の数学があります。最近は、インドの学校で教えられているインド式数学や、シンガポール算数などが、世界的に注目を集めています。

インド式数学（インド）

独特の方法で、けたの多いかけ算も素早く正確に解くことができるのが特徴。九九は小学校で20×20まで習う。

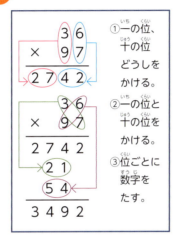

① 一の位、十の位どうしをかける。
② 一の位と十の位をかける。
③ 位ごとに数字をたす。

シンガポール算数（シンガポール）

バー・モデルという手法を使うことで、複雑な文章題も解くことができる。

 1ユニット　2個

 1ユニット

二人で12個リンゴを持っている。
うさぎ→くまより2個多い
（式）12－2＝10
2ユニットで10なので、
1ユニットは5
くまのリンゴの数は5個

海外で増えている算額ファン

日本独自の算額は、今、海外でもファンが増えています。たとえば、2014年にはシンガポールの進学校から数人の生徒が岡山県を訪れ、神社に奉納されている算額の問題に挑戦しています。また、フランスでは、2008年に算額に関する本が出版され、話題となりました。

絹盗人算ってなに？

▲絹盗人算を使って、店の売上金をもらっていた人数が合わないことを親分に説明する律。（2巻より）©中川真・風狸けん／小学館

「絹盗人算」は『塵劫記』に記されています。絹の反物がいくつあって、盗人が何人で反物を分けたのかを計算するときに使う方法です。「旅人算」、「油分け算」など、日常の生活に結びついた名前の計算方法が、現代にも伝わっています。

江戸の女性が書いた和算書

江戸時代に出版された『算法少女』という和算書には、著者として女性の名が記されています。当時としてはとてもめずらしいことです。

もっと！和算マンガ

『算法少女』

算法が大好きな少女・千葉あきは、ある日算額にまちがいを見つけたことから、和算の流派間の争いに巻きこまれていく。

秋月めぐる／画　遠藤寛子／作　リイド社　SPコミックス　1巻（既刊）

©秋月めぐる／遠藤寛子／リイド社

日本神話 Nihonshinwa

日本ができたころの神々の物語

『ヤマトタケル』
安彦良和／作
KADOKAWA
コミックス・エース
1～5巻（既刊）
©安彦良和／KADOKAWA

日本という国ができあがろうとしていた時代。「ヤマトタケル」こと小碓皇子は、地方の部族との戦に明け暮れていた。

2巻より　©安彦良和／KADOKAWA

4巻より　©安彦良和／KADOKAWA

ココが名場面

一族に伝わる「天叢雲剣」をヤマトタケルが手にする場面。ヤマトタケルは草原で敵が放った火に囲まれます。そのとき、天叢雲剣の鞘が鳴り、草をはらい火を遠ざけました。

この不思議な剣は、日本神話の英雄スサノオノミコトがヤマタノオロチを退治したときに、オロチの尾から出てきたと伝えられています。

日本神話なんでもデータ

これ、なんの数字？　3つ

代々の天皇が伝えた宝物の数。三種の神器という。
八咫鏡、草薙剣、八尺瓊勾玉。草薙剣は天叢雲剣のことです。

ニッポン文化再発見！ 日本神話ってなに？

日本に伝わる神様たちの話

　日本神話は、日本という国をつくった神様たちの物語です。

　『古事記』という書物によると、日本をつくったのは、イザナギノミコト、イザナミノミコトという男女の神様とされています。高天原という神々の国に住んでいた二人は、天の神々から国づくりをまかされます。そして、空の上から「天の沼矛」という槍に似た道具で海をかきまぜ、オノゴロ島という小さな島をつくりました。オノゴロ島におりた二人は、結婚の儀式をし、たくさんの島をつくっていきます。こうして、日本ができあがりました。

　その後、二人は海や風、木、山、川などの神様をうみ出したとされています。

奈良時代につくられた書物から

　日本神話は、奈良時代に書かれた書物『古事記』『日本書紀』によって今に伝えられています。それらの書物は、天皇家の歴史を記したものですが、当時は、天皇による日本国家の統一をめざしていた時代でした。そのため、神様が日本をつくった物語や、英雄として活やくする伝説がそのまま日本の歴史として記されたのです。

　また同じころ、土地の名前の由来や特色を地域ごとに集めた『風土記』という書物もつくられました。これは、天皇に献上させた報告書の役目のある書物ですが、地元の老人の言い伝えなど、地方の神話や伝説もふくまれています。

　これらの書物の内容が、日本神話として今に伝えられています。

今に伝わる日本神話

因幡の白うさぎ

　因幡の国へ行こうとした白うさぎは、ワニザメをだまして海を渡ることにしました。しかし、とちゅうでうそがばれ、体中の毛をむしられてしまいます。

　そこへ通りかかったオオクニヌシノミコトは、白うさぎに手当てをしてやります。それを聞いた因幡のヤガミヒメは、オオクニヌシノミコトと結婚しました。

黄泉の国

　イザナミノミコトは、火の神を産んだ後、亡くなります。悲しんだ夫のイザナギノミコトは、死んだ人が行く黄泉の国から、妻を連れて帰ろうとしますが、約束をやぶり、妻のおそろしい姿を見てしまいます。

　怒って追ってくる妻から逃げたイザナギノミコトは、黄泉の国の出口を岩でふさぎました。こうして生きる者の国と死んだ者の国が分かれたのです。

天岩戸

　太陽の神、アマテラスオオミカミは、弟のいたずらに怒り、天岩戸（洞窟）に身をかくします。真っ暗な世界にこまった神様たちは天岩戸の前で舞い、はやしたてます。

　外の様子を不思議に思ったアマテラスオオミカミが顔をのぞかせると、神様たちは鏡を見せました。よく見ようと身を乗り出したアマテラスオオミカミは、天岩戸から連れ出され、世界に光がもどりました。

神様をうやまい、まつる場所

神社 Jinja

『神主さんの日常』
瀬上あきら／作
協力：埼玉県神社庁、秩父三峯神社
マッグガーデン
マッグガーデンコミックス・コミックエッセイシリーズ
全2巻
©瀬上あきら／マッグガーデン

神社に奉仕する神主さんは、どんなことをしているのか。そぼくな疑問から、作者が取材をくり返し、神社での神主さんの日常をえがく。

1巻より ©瀬上あきら／マッグガーデン

ココが名場面

神主さんは朝早くから、忙しい毎日を送っています。朝一番でそうじをし、神様にお供えをして国家の無事をおいのりします。神社は神様をまつる場所なので、つねにきれいにしておく必要があり、そうじは重要な仕事です。

神社では祭りや結婚式、葬式なども行われますが、神主さんの務めは、神様へ奉仕することです。

1巻より ©瀬上あきら／マッグガーデン

神社なんでもデータ

これ、なんの数字？ **33.9m**

日本一大きい鳥居の高さ。幅は42m。
和歌山県の、かつて熊野本宮大社があった場所にあります。

ニッポン文化再発見！ 神社ってなに？

神様をまつる場所

古来、日本には「八百万」の神様がいるといわれてきました。八百万は「たくさんの」という意味です。日本人は、山や木、川、石、雨や風など自然のあらゆるものに神様が宿っていると考えてきました。たくさんの神様たちをうやまい、まつった場所が神社です。神社では、神様のためにさまざまな儀式が行われ、多くの人がお参りに訪れます。

神社のなかには、亡くなった人のたましい、共通の祖先をもつ家々を守る氏神様、その土地（地域）の人々を守ってくれる産土神、天皇の祖先や歴史上の人物などをまつるところもあります。神社の建物や施設の多くには、神様をまつるための、決まった形式が見られます。

自然とのくらしから生まれた神社

自然は人々に豊かな恵みを与えてくれます。ときには、災害をもたらすこともあります。人々は大地や自然をうみ出した神様を大切にし、おそれ尊ぶ気持ち、感謝の気持ちを表すために、神様をまつる儀式を行いました。これが神社の始まりです。

稲作など、長く農業が国の中心だった日本では、今も毎年、春にその年の豊作をいのる儀式、秋には収穫を感謝する儀式が行われます。

日本に仏教が入ってくると、神社で神様をまつる信仰は、神道ともよばれるようになりました。神道の信者ではなくても、初詣、七五三、祭りなどで、神社は私たちの生活と切りはなせないものになっています。

必須アイテム

鳥居
神社があり、神様がいることを表すもの。神社の内と外を分ける場所に立てる。

しめ縄
神様の場所と人の場所の境界にはる。神様が立ち寄るご神木にはることもある。

社殿
神社の建物のこと。ご神体のある本殿、お参りする場所となる拝殿などがある。

狛犬
高麗（朝鮮半島にあった国）の犬の意味。二体一組の像で、魔除けの力があるとされる。

玉砂利
境内にしきつめられる、形のそろった丸い砂利。神聖な場所を清めるためにしくとされる。

参道
鳥居から本殿まで続く道。真ん中は神様が通るとされ、お参りのときは道の左右を通る。

37

もっと知りたい！神社 Jinja

祭りや初詣、七五三といった行事など、神社で行われる行事に出かける機会は多くあります。神主さんは神様に仕えながら、こうした行事もとり行っています。

神様に仕える人たち

神社で神様に仕える人を「神職」といい、多くの場合、神主さんとよばれています。ただ、神主というのは正式な職名ではありません。神社の代表者のことは、正式には「宮司」といいます。神社の規模にもよりますが、神職には、ほかに権宮司、禰宜、権禰宜もいます。権宮司は、宮司の代理を務める役目です。禰宜は、権禰宜をまとめて、宮司を助ける役目です。

神社で神職の仕事を助けたり、神事の手伝いをしたりする女性が「巫女」です。かつて巫女は、神様がその身に宿り、言葉を伝えたり、おいのりや占いをしたりと重要な役割を果たしていたともいわれています。現在は、神事などで神楽を舞う巫女の姿が見られます。

神職 神職の装束は、身分や神事の種類によってちがう。

巫女 「巫女装束」とよばれる衣装を着ている。

▲神前結婚式の様子
「参進の儀」とよばれる儀式。雅楽が演奏されるなか、神職と巫女が花嫁を先導して本殿まで歩く。

神社で行われる季節の行事

四季のある日本では、季節ごとに多くの行事があります。元日や秋の収穫後に行われる神社の行事は、くらしのなかに深く根づいています。

初詣
元日の朝に、神社や寺にお参りすること。その年、初めてのお参りの意味。

七五三
7歳と5歳と3歳の子どもの成長を祝う行事。11月15日前後に、神社や寺にお参りする。

おみくじ
大吉や吉、凶などで、その後の運を知らせてくれるもの。初詣などのお参りでひくことが多い。

島根県出雲市

神在月

10月は「神無月」ともよばれますが、全国でただ1か所、出雲大社のある島根県だけは、この月が「神在月」になります。日本中の八百万の神様たちが、出雲大社に集まるからです。旧暦の10月10日（今の11月下旬～12月初旬）には、稲佐の浜で全国の神様をむかえる「神迎神事」が行われます。

写真協力：出雲大社

世界から見てみよう

世界各地には、それぞれに信仰されている神様をまつる場所や建物があり、決まった儀式やおいのりのしかたがあります。また、歴史上の尊敬されている偉人をまつる建物もあります。

キリスト教の教会

人々が集まってキリストにいのりをささげる場所。時代や場所、また宗派によって、さまざまな建築の形式がある。

仏教の寺院

仏像などを納めた、仏教の教えを広めるための場所。僧がくらし、日々修行や儀式などを行う。

中国の廟

孔子をまつる「孔子廟」など、偉大な人々をまつる建物。

🌐 アメリカ、フランスにもある神社

ハワイ、ブラジルなど日系の人が多く住む地域には、神社が見られます。また、アメリカやフランスには、日本文化を学んだ人がかかわる神社があります。フランスにある神社は、フランス人の僧侶が、日本での修行中に三重県の水屋神社に心をひかれ、この神社の協力を得て建てたものです。

お参りの作法にも意味がある

▲お参りの作法について説明を受け、意味を知り、その奥深さに感心する作者。（1巻より）　©瀬上あきら／マッグガーデン

神社でお賽銭を入れるときに鳴らす鈴の音には、その場所の悪いものをはらい、神様によびかけるという意味があります。また、鈴を鳴らすと、その音の美しさで、お参りする人自身も清められるとも考えられています。

神にささげる巫女舞

巫女の務めのなかでも、神にささげる巫女舞は重要です。笛や太鼓が鳴りひびく、おごそかな雰囲気のなか、鈴や笹などを持ち、美しく舞います。

こっちは！巫女マンガ

『かみさま日和』

天晴神社で巫女としてはたらくことになった有坂史美華。好奇心旺盛な史美華は、仲間の支えや参拝客とのふれ合いのなかで成長していく。

森尾正博／作　芳文社　芳文社コミックス　全3巻

©森尾正博／芳文社

見た者の心を救う仏像を彫る

仏師 Busshi

『恋する仏像』
会田薫／作
講談社
KCx ITAN
1巻（既刊）
©会田薫／講談社

高校生の無我は、幼なじみの零雄とともに、幼いころから仏像彫刻に打ちこんできた。親友であり、ライバルでもある二人の青春ストーリー。

1巻より　©会田薫／講談社

ココが名場面

無我は、仏師である零雄の父親・雅康から、零雄に合わせ力を出し惜しみしていると指摘されます。自信をもてない無我に、雅康が、仏像を彫り続けるとたどり着ける境地「カーヴィング・ハイ」の話をする場面です。

その後無我は、自分の本来の実力を発揮して、仏像をつくり出し、作品展で評価されます。

1巻より　©会田薫／講談社

仏師なんでもデータ

これ、なんの数字？　623年

仏師という名が確認できるもっとも古い記録が残った年。法隆寺金堂の釈迦三尊像の仏像の背後に刻まれている。

ニッポン文化再発見！ 仏師ってなに？

仏教の教えを表す仏像をつくる

仏師とは、仏像を制作する人のことで、「造仏師」ともいいます。仏像はもともと最初に仏教を説いた仏陀（釈迦）を表す像で、仏陀が亡くなったあと、インドでつくられるようになりました。その後、仏教とともに各地へ広がり、信者がいのりをささげる対象となりました。

仏陀のほかにも、仏教の教えの最高の境地に達した「如来」、さとりを求める修行者「菩薩」、教えにしたがわない人を悪から救うために怒りの顔をした「明王」などの仏像があります。

仏教とともに日本に入ってきた職業

日本に仏教が入ってくると、国の事業として、寺院の建設や仏像の制作が始まりました。飛鳥時代には、国の造仏所ではたらく人たちを造仏師、仏師とよびました。このころの記録に止利仏師という人の名前が残っています。

平安時代に入ると、有力な貴族や寺社が、自分たちの造仏所をつくり、仏師を集めました。平安時代中ごろに、定朝という仏師が活やくし、僧侶の位についたことで、職業としての地位が高まり、その後の仏師はみな僧侶となりました。

鎌倉時代に入ると、仏師は僧侶としてよりも、職人の集団としてはたらくようになっていきます。なかでも、東大寺南大門「金剛力士（仁王）像」をつくった運慶と快慶が有名です。室町時代には、宮大工（→5巻32ページ）から仏師になる人も現れました。江戸時代には、僧侶である仏師はほとんどいなくなり、職人として仏像をつくるようになりました。

必須アイテム

木
木彫りの仏像の材料になる。適した木はヒノキ。そのほかカヤ、クスノキ、ケヤキなど。

のこぎり
木を適当な大きさに切るためなどに使う。

のみ
木をけずる道具、のみには、粗彫り用、彫刻用などの種類がある。木づちでたたいて使う。

彫刻刀
細かな仕上げに使う。小さな仏像は彫刻刀だけで彫ることもある。

仏師の仕事

▶**大威徳明王坐像**
1998（平成10）年に発見され、運慶の作品とわかった仏像。もとは水牛に乗っている像だったが、水牛の部分はなくなり、手足もほとんど失われている。整った顔と、引き締まった胴体に運慶の作風がよく表れているという。

光明院所蔵
神奈川県立金沢文庫管理

▶**『職人尽絵詞』仏師**
江戸時代の仏師をえがいた絵。大きな像をのみで彫る者、小さな像に細かな作業をする者などがいる。

国立国会図書館蔵

仏の世界と「この世」をつなぐ神聖な場所
寺院 Jiin

『住職系女子』

竹内七生／作
講談社
BE・LOVEコミックス
全6巻
©竹内七生／講談社

真巌寺で副住職を務めるのは、寺院の跡取りの女性・美鶴。同じ町内の寺院の副住職仲間たちと、日々精進しながら修行にはげむ。

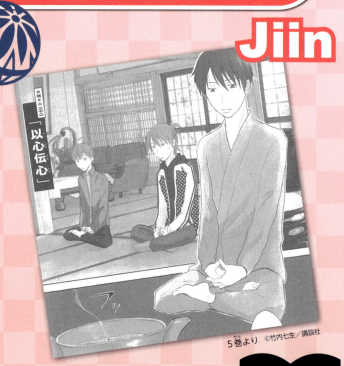

5巻より ©竹内七生／講談社

ココが名場面

もうすぐ80歳をむかえる住職・元徳が、自分は引退するから住職を継ぐようにと、副住職の美鶴にいう場面。はじめは、しぶっていた美鶴ですが、住職になる覚悟を決めます。

住職となって、代々受け継がれてきた寺院の建物や、檀家さんのお墓を守り続けるということは、大変な覚悟が必要です。

6巻より ©竹内七生／講談社

寺院なんでもデータ
これ、なんの数字？ 　**108**

人がもつ「煩悩」の数。また、除夜の鐘をつく回数。煩悩とは、人の心を迷わせるもののことです。

ニッポン文化再発見！ 寺院ってなに？

仏教の教えを広め、修行する場所

寺院は、寺ともよばれ、仏教の教えを広めるための場所です。仏像が置かれ、お釈迦様の教えのために一般社会での生活を捨てる「出家」をした、僧侶（お坊さんと尼さん）が修行をしています。僧侶とは、お釈迦様の教えのもとに日々生活する人たちです。寺院には人々の墓があり、家族や祖先の墓参りに訪れます。亡くなった人のたましいをなぐさめるための年忌法要など、仏教の儀式も行われます。

古くから多くの人が建立した

仏教は、インドで始まりました。その教えは、お経や仏像などとともに、日本に伝えられました。寺院もその一つです。日本で最初に寺院がつくられたのは、552年といわれています。

奈良時代には聖武天皇が、仏教を広めるために各地に国分寺、国分尼寺を建てます。都である平城京には、大仏を安置する東大寺を建立しました。平安時代になると、最澄、空海らの僧侶が、修行のため、山の中に寺をつくりました。また、京都では貴族たちが、自分の願いをかなえるためにたくさんの寺院を建てました。武士が力をつけてきた鎌倉時代以降には、今度は武士たちが、戦での運が続くことや心の平安を願って、各地に寺院を建てるようになります。

そして、江戸時代になると、寺院は主に町なかにつくられ、寺院を中心にした「寺町」が生まれました。また、キリスト教の信仰が禁じられ、人々は必ずどこかの寺院に所属するという「檀家制度」がつくられ、今に続いています。

寺院のつくり

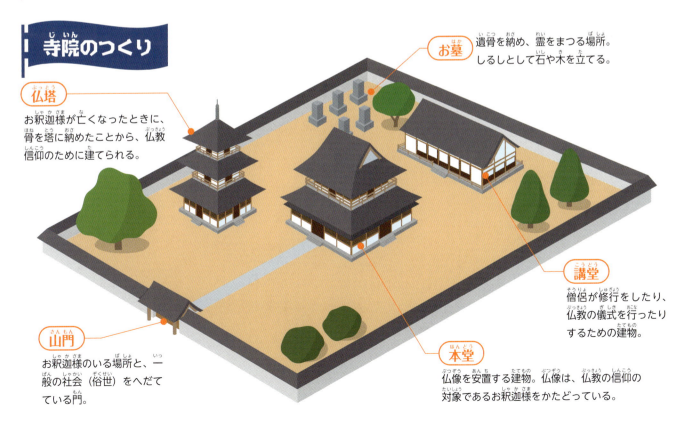

お墓　遺骨を納め、霊をまつる場所。しるしとして石や木を立てる。

仏塔　お釈迦様が亡くなったときに、骨を塔に納めたことから、仏教信仰のために建てられる。

講堂　僧侶が修行をしたり、仏教の儀式を行ったりするための建物。

本堂　仏像を安置する建物。仏像は、仏教の信仰の対象であるお釈迦様をかたどっている。

山門　お釈迦様のいる場所と、一般の社会（俗世）をへだてている門。

もっと知りたい！寺院 Jiin

お墓参りや有名なお寺の見学などで、今でも多くの人が寺院を訪れています。寺院と人々のつながりは変化していますが、寺院や仏教の行事は、くらしのなかに残っています。

檀家の寺院とのさまざまなつながり

時代の変化によって、人々と檀家の寺院とのつながり方が変わってきました。檀家制度は、特定の寺に所属して、その寺を支援するものです。

檀家制度ができて以来、人々は亡くなった人の葬儀や供養をしてもらうかわりに、檀家となった寺の行事に積極的に参加したり、寺の修理や新築にかかる費用などを分担したりと、寺と深くかかわってきました。現在ではこうしたつながりはうすくなっていますが、檀家になっている寺院に葬儀をたのむ、お墓参りに行く、といったつながりは続いています。

また、個人ではなく家ごとに所属するため、昔は代々所属する寺を継いでいく家がほとんどでした。しかし、現在は檀家になるかならないか、自由に選べるようになってきています。

墓石
墓石には、納骨されている人の名前や戒名などが記される。戒名とは亡くなった人が、僧侶から授けられたあの世での名前のこと。

▲春分の日と秋分の日のころの「彼岸」には、寺院を訪れ、お墓参りをする。亡くなった人や先祖をしのび、死後の世界での幸せをいのる。

寺院・仏教が関係しているもの

私たちがふだん目にしているもののなかには、実は仏教の教えや考え方が関係しているものがたくさんあります。

除夜の鐘
年越しの年中行事。大晦日から新年にかけ、寺院で鐘を108回鳴らす。煩悩を追いはらうためといわれている。

だるま
縁起がよく、願いごとにも使われる置物。中国の仏教の修行僧が、座禅を組んだ姿からつくられた。

地蔵
仏教の地蔵菩薩という仏様のこと。小さな石像が、道ばたなどにも置かれ、子どもを守ってくれるという。

愛知県小牧市
お乳の寺 間々観音

日本一寺院の数が多い愛知県には、日本でただ一つのお乳の寺、間々観音（龍音寺）があります。本尊の千手観音は、赤ちゃんのためにたくさんお乳が出ますように、という願いをかなえてくれるといわれています。願いごとを書く絵馬をはじめ、寺院の中には、おっぱいの形をしたものがたくさんあります。

写真：間々観音（龍音寺）

世界から見てみよう

それぞれの宗教によって、行事のときに身につける道具があります。仏教では、数珠という仏具を手にかけてお釈迦様を礼拝します。キリスト教にも、数珠とよく似ている、ロザリオといういのりの用具があります。

数珠

小さな珠を、煩悩と同じ数、108個つなげたもの。煩悩をはらう意味がある。宗派によって、珠の数がちがうものもある。

ロザリオ

大珠6個・小珠53個を輪にして、十字架をつけたもの。珠を数えながら、決まったいのりの文句を、決まった回数唱える。

外国人が修行する寺

仏教の教えの一つである禅は、「ZEN」として世界に広まっています。岡山県の曹源寺では、住職が世界各国でお釈迦様の教えを説いたことをきっかけに、多くの外国人が訪れ、禅の修行をしています。なかには、20年以上修行し、禅を広める指導者になる人もいます。

死者を送るのも大事な仕事

▲檀家のおばあさんが亡くなり、残された孫の直紀が一人で葬式をあげる。(4巻より) ©竹内七生／講談社

仏教では、亡くなった人のたましいは、この世から「あの世」に行くとされています。葬儀はあの世へ死者を送る儀式です。亡くなった人のたましいは、「盆」の時期だけこの世へ帰ってくるとされ、死者をむかえ、再び送り出す行事があります。

修行僧の生活

寺院の中に、「僧堂」という僧侶が集団生活をする建物を置くことがあります。修行僧は畳1枚分しか自分のスペースとして使えません。

こっちは！僧侶マンガ

『坊主DAYS』

著者や、寺院の住職である著者の兄は寺院の生まれ。主に兄の実体験をもとに、寺院や僧侶のくらしを、わかりやすく紹介している。

杜康潤／作　新書館　ウィングス・コミックス　1～2巻（既刊）

ここがスゴイよ！ニッポンの文化大図鑑 総さくいん
【文化名・五十音順】

総70項目
総100作品

- 1巻 芸をみがく・演じる
- 2巻 競う・きたえる
- 3巻 学ぶ・たしなむ
- 4巻 遊ぶ・楽しむ
- 5巻 食べる・くらす

※メインで紹介している作品は太字にしています。

あ

文化	作品	巻	ページ
アイドル	『Cue』	1巻	42
	『少年ハリウッド-HOLLY TRIP FOR YOU-』	1巻	45
アニメ	『アニメタ！』	4巻	22
	『ハックス！』	4巻	25
囲碁	『天地明察』	2巻	40
浮世絵	『百日紅』	4巻	14
	『大江戸国芳よしづくし』	4巻	17
おりがみ	『ヤマありタニおり』	4巻	44
温泉	『テルマエ・ロマエ』	4巻	38

か

文化	作品	巻	ページ
雅楽	『王の庭』	1巻	28
歌劇学校	『淡島百景』	1巻	41
華道	『ギャル華道』	3巻	14
歌舞伎	『ぴんとこな』	1巻	06
	『國崎出雲の事情』	1巻	09
空手	『ハンザスカイ』	2巻	18
	『てのひらの熱を』	2巻	21
弓道	『ひらひらひゅ〜ん』	2巻	22
	『花に染む』	2巻	25
競技かるた	『ちはやふる』	2巻	42
	『むすめふさほせ』	2巻	45
狂言	『しなやかに傷ついて』	1巻	14
芸妓・舞妓	『紅匂ふ』	1巻	32
	『GEI-SYA -お座敷で逢えたら-』	1巻	35
源氏物語	『あさきゆめみし』	3巻	24
現代短歌	『ショートソング』	3巻	23
剣道	『しっぷうどとう』	2巻	14
	『武士道シックスティーン』	2巻	17
コスプレ	『コンプレックス・エイジ』	4巻	26
骨董	『雨柳堂夢咄』	5巻	43
箏	『この音とまれ！』	1巻	19

さ

文化	作品	巻	ページ
茶道	『ケッコーなお手前です。』	3巻	06
	『へうげもの』	3巻	09
侍・武士	『バガボンド』	2巻	30
参勤交代	『つらつらわらじ』	2巻	33
寺院	『住職系女子』	3巻	42
獅子舞	『ししまいガール』	1巻	36
三味線	『ましろのおと』	1巻	20
	『なずなのねいろ』	1巻	23
柔道	『帯をギュッとね！』	2巻	10
	『JJM 女子柔道部物語』	2巻	13
将棋	『ナイトぼっち』	2巻	36
	『月下の棋士』	2巻	39
少林寺拳法	『オッス！ 少林寺』	2巻	26
書道	『とめはねっ！ 鈴里高校書道部』	3巻	10
	『ばらかもん』	3巻	13
神社	『神主さんの日常』	3巻	36
数寄屋造	『数寄です！』	5巻	35

分類	作品名	巻	ページ
寿司	『将太の寿司2 World Stage』	5巻	10
	『江戸前鮨職人きららの仕事』	5巻	13
相撲	『ああ播磨灘』	2巻	06
	『火ノ丸相撲』	2巻	09
銭湯	『のの湯』	4巻	41
川柳	『川柳少女』	3巻	29
僧侶	『坊主DAYS』	3巻	45
そば	『そばもん ニッポン蕎麦行脚』	5巻	18
	『そば屋 幻庵』	5巻	21

た

分類	作品名	巻	ページ
宝塚	『すみれの花咲くガールズ』	1巻	38
陶芸	『ハルカの陶』	5巻	40

な

分類	作品名	巻	ページ
なぎなた	『あさひなぐ』	2巻	28
日本家屋	『さんかく屋根街アパート』	5巻	36
日本酒	『蔵人』	5巻	26
日本神話	『ヤマトタケル』	3巻	34
日本茶	『茶柱倶楽部』	5巻	22
	『茶の涙 -Larmes de thé-』	5巻	25
日本庭園	『君の庭。』	5巻	38
日本刀	『カナヤゴ』	5巻	44
人形浄瑠璃	『火色の文楽』	1巻	30
忍者	『闇月夜行』	2巻	34
能	『夢幻花伝』	1巻	10
	『能面女子の花子さん』	1巻	13

は

分類	作品名	巻	ページ
俳句	『あかぼし俳句帖』	3巻	26
花火	『玉屋一代 花火心中』	4巻	28
	『刹那グラフィティ』	4巻	31
仏師	『恋する仏像』	3巻	40

分類	作品名	巻	ページ
盆栽	『雨天の盆栽』	4巻	42

ま

分類	作品名	巻	ページ
祭り	『ナツメキッ!!』	4巻	32
	『月影ベイベ』	4巻	35
マンガ	『アオイホノオ』	4巻	18
	『バクマン。』	4巻	21
漫才	『The MANZAI COMICS』	4巻	10
	『芸人交換日記』	4巻	13
巫女	『かみさま日和』	3巻	39
宮大工	『かみのすまうところ。』	5巻	32

や

分類	作品名	巻	ページ
妖怪	『不機嫌なモノノケ庵』	4巻	36

ら

分類	作品名	巻	ページ
ラーメン	『らーめん才遊記』	5巻	14
	『ラーメン食いてぇ!』	5巻	17
落語	『昭和元禄落語心中』	4巻	06
	『兄さんと僕』	4巻	09

わ

分類	作品名	巻	ページ
和歌	『超訳百人一首 うた恋い。』	3巻	20
和菓子	『あんどーなつ 江戸和菓子職人物語』	5巻	28
	『わさんぼん』	5巻	31
和楽器	『なでしこドレミソラ』	1巻	24
	『ごにんばやし』	1巻	27
和算	『和算に恋した少女』	3巻	30
	『算法少女』	3巻	33
和食	『蒼太の包丁』	5巻	06
	『じゅんさいもん』	5巻	09
和太鼓	『和太鼓†ガールズ』	1巻	16
和服	『きものがたり』	3巻	16
	『とらわれごっこ』	3巻	19

表紙書影

『ケッコーなお手前です。』みよしふるまち／マッグガーデン
『雨天の盆栽』つるかめ／マッグガーデン
『ちはやふる』末次由紀／講談社
『昭和元禄落語心中』雲田はるこ／講談社
『らーめん才遊記』久部緑郎／河合単／小学館
『ぴんとこな』嶋木あこ／小学館
『あさひなぐ』こざき亜衣／小学館
『バガボンド』I. T. Planning, Inc.

※本書の情報は、2017年12月現在のものです。

スタッフ

イラスト	金田啓介
文	酒井かおる、桑名妙子、山内ススム
装丁・本文デザイン	オフィス アイ・ディ（辛嶋陽子、土本のぞみ）
DTP	スタジオポルト
校正	村井みちよ
編集制作	株式会社童夢
企画担当	日本図書センター／福田恵

NDC380
名作マンガ100でわかる!
ここがスゴイよ! ニッポンの文化大図鑑
③学ぶ・たしなむ
日本図書センター
2018年　48P　26.0cm×21.0cm

名作マンガ100でわかる!
ここがスゴイよ! ニッポンの文化大図鑑
❸巻 学ぶ・たしなむ

2018年1月25日　初版第1刷発行

編集／ニッポンの文化大図鑑編集委員会
発行者／高野総太
発行所／株式会社 日本図書センター
　　　　〒112-0012　東京都文京区大塚3-8-2
　　　　電話　営業部03(3947)9387　出版部03(3945)6448
　　　　http://www.nihontosho.co.jp
印刷・製本／図書印刷 株式会社

2018 Printed in Japan
乱丁・落丁本はお取り替えいたします。

ISBN978-4-284-20411-8（第3巻）